AF284382

Impressum
Verlag: BABADADA GmbH, Nedderfeld 112 , 22529 Hamburg
Geschäftsführer / Verlagsleitung: Harald Hof
Druck: Books on Demand GmbH, In de Tarpen 42, 22848 Norderstedt

Imprint
Publisher: BABADADA GmbH, Nedderfeld 112 , 22529 Hamburg, Germany
Managing Director / Publishing direction: Harald Hof
Print: Books on Demand GmbH, In de Tarpen 42, 22848 Norderstedt

sekolo

school

phaphosi borutelo
classroom

kgaoganya
divide

186/2

boroto
board

jarata ya sekolo
school yard

morutabana
teacher

pampiri
paper

kwala
write

pene
pen

tafole
desk

ruler
ruler

buka
book

baithuti
pupil

kgetsana ya dibuka

satchel

setsenya dipensele

pencil case

pensele

pencil

seseta pensele

pencil sharpener

sephimola

rubber

boto ya go torowa

drawing pad

torowa

drawing

boratšhe jwa pente

paintbrush

bokose ya pente

paint box

dikere

scissors

sekgomaretsi

glue

buka ya go kwalela

exercise book

tirogae

homework

palo

number

2+2

tlhakanya

add

5-2

kgaoganya

subtract

atisa

multiply

khalkhuleitara

calculate

A

lekwalo

letter

ABCDEFG
HIJKLMN
OPQRSTU
VWXYZ

alfabete

alphabet

lefoko

word

sekolo - school

3

mafoko

text

bala

read

choko

chalk

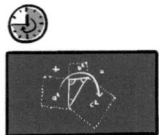

thuto

lesson

rejistara

register

tlhatlhobo

exam

setifikeiti

certificate

diaparo tsa sekolo

school uniform

thuto

education

encyclopedia

encyclopedia

unibesithi

university

mikoroskoupo

microscope

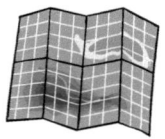

mmepe

map

moteme wa dipampiri

waste-paper basket

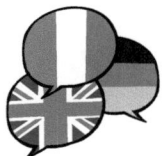

eta

travel

hotele
hotel
Grand
hosetele
hostel
ROOMS
kantoro ya go fetola madi
bureau de change
CHANGE
sutukeisi
suitcase
sejanaga
car

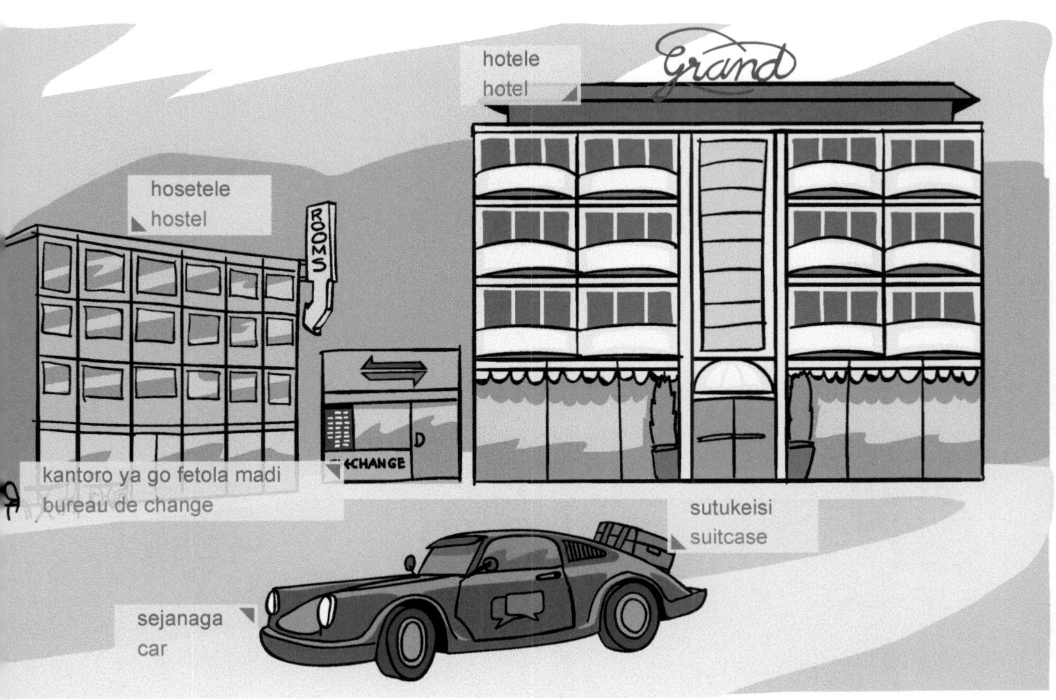

puo

language

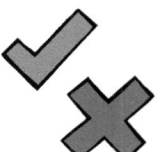

ee / nnyaa

yes / no

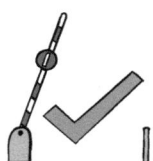

Go siame

Okay

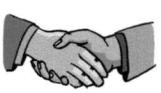

dumela

hello

moranodi

translator

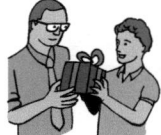

Ke a leboga

Thank you

ke bokae...?

how much is...?

ga ke tlhaloganye

I do not understand

bothata

problem

O itumelele bosigo!

Good evening!

Dumela!

Good morning!

Robala Sentle!

Good night!

tsamaya sentle

bye bye

tsela

direction

dithoto

luggage

kgetsi

bag

kgetsi

backpack

moeng

guest

phaposi

room

kgetsana ya go robalela

sleeping bag

mogope

tent

tshedimosetso ya mojanala

tourist information

lewatle

beach

karata ya go tsaya sekoloto

credit card

sefitlholo

breakfast

dijo tsa motshegare

lunch

dijo tsa maitsiboa

dinner

tekete

ticket

lifiti

lift

setempe

stamp

bodara

border

dingwao

customs

embassy

embassy

visa

visa

lokwalo itshupo

passport

sepalangwa

transport

sefofane
aeroplane

sekepe
ship

enjene ya molelo
fire engine

bese
bus

koloi
truck

koloi ya metsi
motorboat

sekuta
bike

sejanaga
car

feri	sekepe	sethuthuthu
ferry	boat	motorbike

sejanaga sa mapodisa	sejanaga sa lobelo	sejanaga se se hirilweng
police car	racing car	rental car

aroganya sejanaga

car sharing

koloi e e gogang dikoloi tse di robegileng

breakdown truck

koloi e e tsayang matlakala

refuse truck

koloi

motor

lookwane

fuel

seteišhene sa lookwane

petrol station

letshwao la pharakano

traffic sign

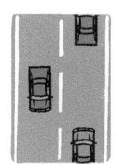

pharakano

traffic

pharakano

traffic jam

lefelo la go emisa koloi

car park

seteišhene sa terena

train station

mela

tracks

terena

train

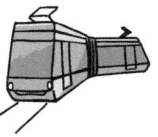

tereme

tram

kolotsana

carriage

sefofane

helicopter

boemeladifofane

airport

tora

tower

mopalami

passenger

sekhafothini

container

bokoso

carton

karaki

cart

basekete

basket

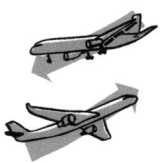

go tsamaya / go fitlha

take off / land

toropo

city

motse

village

legare la teropo

city centre

ntlo

house

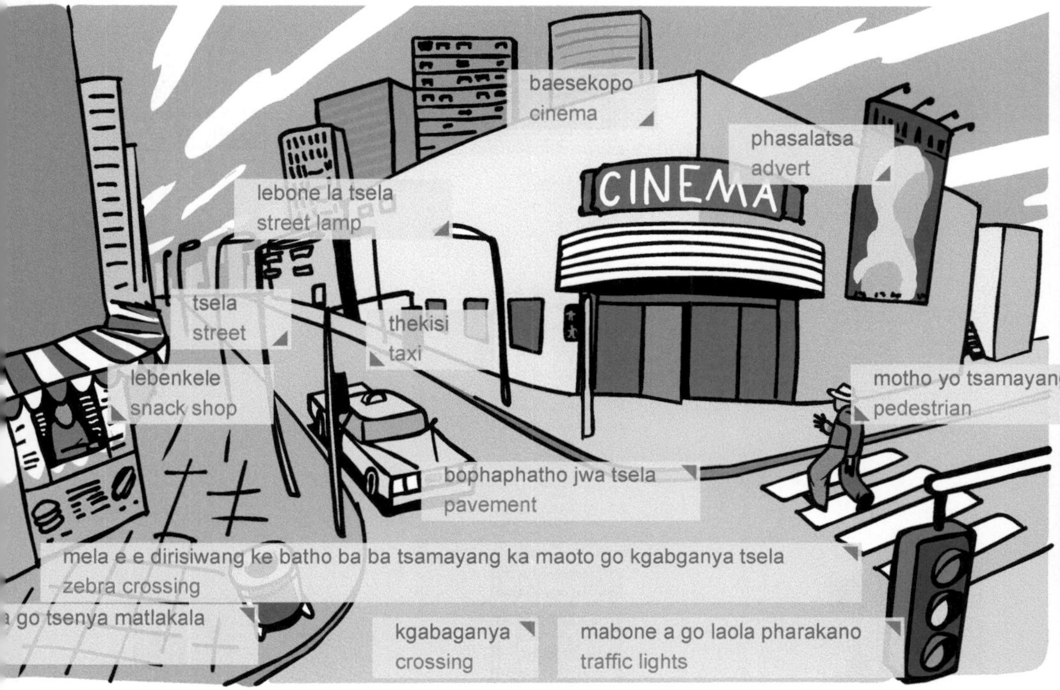

baesekopo
cinema

phasalatsa
advert

lebone la tsela
street lamp

CINEMA

tsela
street

thekisi
taxi

lebenkele
snack shop

motho yo tsamayang
pedestrian

bophaphatho jwa tsela
pavement

mela e e dirisiwang ke batho ba ba tsamayang ka maoto go kgabganya tsela
zebra crossing

a go tsenya matlakala

kgabaganya
crossing

mabone a go laola pharakano
traffic lights

ntlo e e ruletseng ka bojang
....
hut

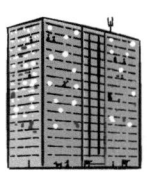

sephara
....
flat

seteišhene sa terena
....
train station

ntlolehalahala la toropo
....
town hall

museamo
....
museum

sekolo
....
school

unibesithi

university

banka

bank

sepetlele

hospital

hotele

hotel

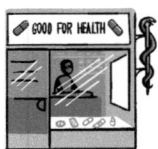

lefelo la melemo

pharmacy

kantoro

office

lebenkele la dibuka

book shop

lebenkele

shop

batho ba ba rekisang malomo

florist's

lebenkele

supermarket

maraka

market

lebenkele la diaparo

department store

fishmongers

fishmonger's

moago wa mabenkele a a mantsi

shopping centre

boema dikepe

harbour

12

serapa

park

banka

bench

borogo

bridge

ditepisi

stairs

kwa tlase ga lefatshe

underground

kgogometso

tunnel

boemela bese

bus stop

bara

bar

lefelo la go jela

restaurant

lebokose la pose

postbox

letshwao la tsela

street sign

mitara wa go emisa koloi

parking meter

lefelo la go bonela
diphologolo

zoo

letlodi la go thuma

swimming pool

tempele ya mamoselema

mosque

polase

farm

kgotlelelo

pollution

mabitla

graveyard

kereke

church

lefelo la go tshamekela

playground

temple

temple

boago jwa lefelo

landscape

setlhatsana
leaf

matshwao
signpost

tsela
way

ditlhaga
meadow

letlapa
stone

setlhare
tree

motho yo o tsamayang mo thabeng
hiker

noka
river

bojang
grass

lelomo
flower

mokgatšha

valley

thatshana

hill

lekadiba

lake

sekgwa

forest

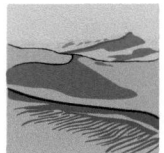

sekaka

desert

lekgwamolelo

volcano

khasele

castle

motshe wa badimo

rainbow

leboa

mushroom

mokolana

palm tree

montsane

mosquito

tshenekegi

fly

tshoswane

ant

notshi

bee

segokgo

spider

khukhwana

beetle

segwagwa

frog

mosha

squirrel

noko

hedgehog

mmutla

hare

morubisi

owl

nonyane

bird

pidipidi

swan

dikolobe tsa naga

boar

kgokong

deer

moose

moose

letamo

dam

sefetlhaphefo

wind turbine

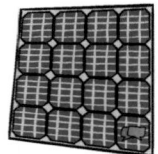

motlakase o o dirilweng ka letsatsi

solar panel

loapi

climate

lefelo la go jela

restaurant

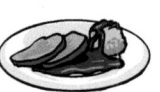

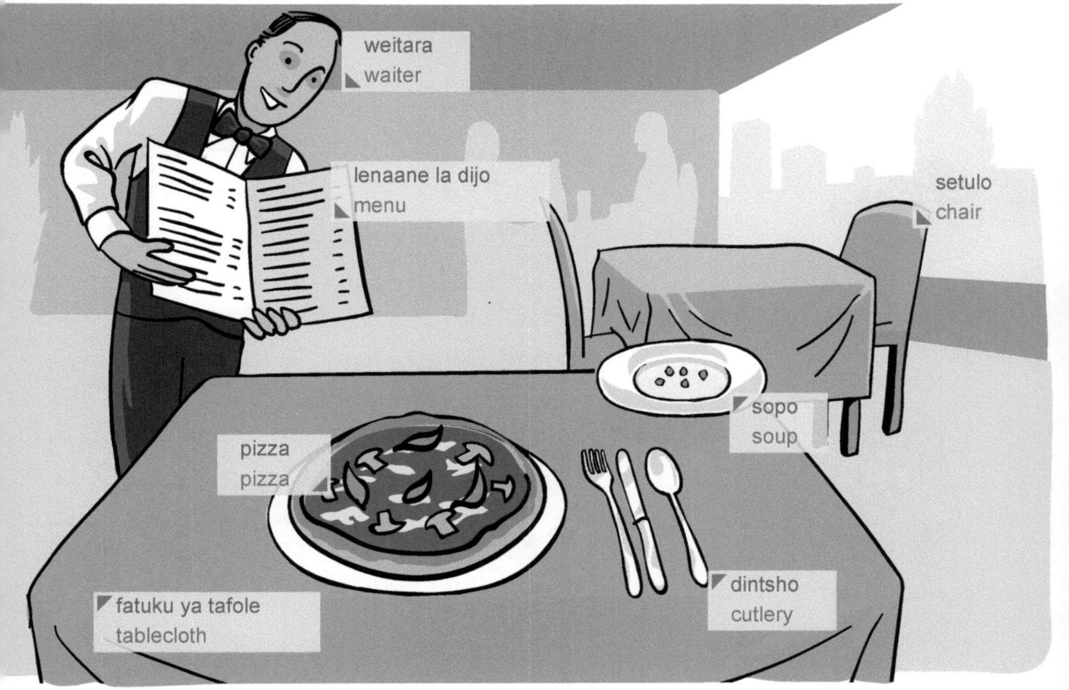
weitara
waiter
lenaane la dijo
menu
setulo
chair
sopo
soup
pizza
pizza
dintsho
cutlery
fatuku ya tafole
tablecloth

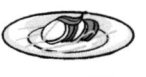

sejo sa ntlha

starter

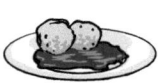

sejo sa bobedi

main course

dijo tse di naleng sukiri

dessert

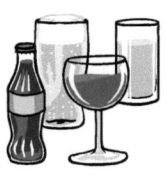

dino

drinks

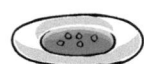

dijo

food

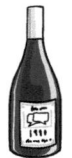

botlolo

bottle

dijo tsa mo strateng

fast food

dijo tsa seterata

street food

ketlele ya tee

teapot

sejana sa go tsenya sukiri

sugar bowl

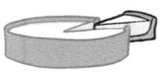

karolo

portion

motšhini wa espresso

espresso machine

setulo se se kwa godimo

high chair

tshupamolato

bill

terei

tray

thipa

knife

forotlho

fork

liso

spoon

leswana

teaspoon

lesela la go iphimola

serviette

galase

glass

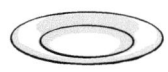

poleiti

plate

poleiti ya sopo

soup plate

sosara

saucer

sopo

sauce

sejana sa letswai

salt pot

sesila pepere

pepper mill

aseini

vinegar

oli

oil

ditswaiso

spices

tamati souso

ketchup

masetete

mustard

mayonaese

mayonnaise

lebenkele
supermarket

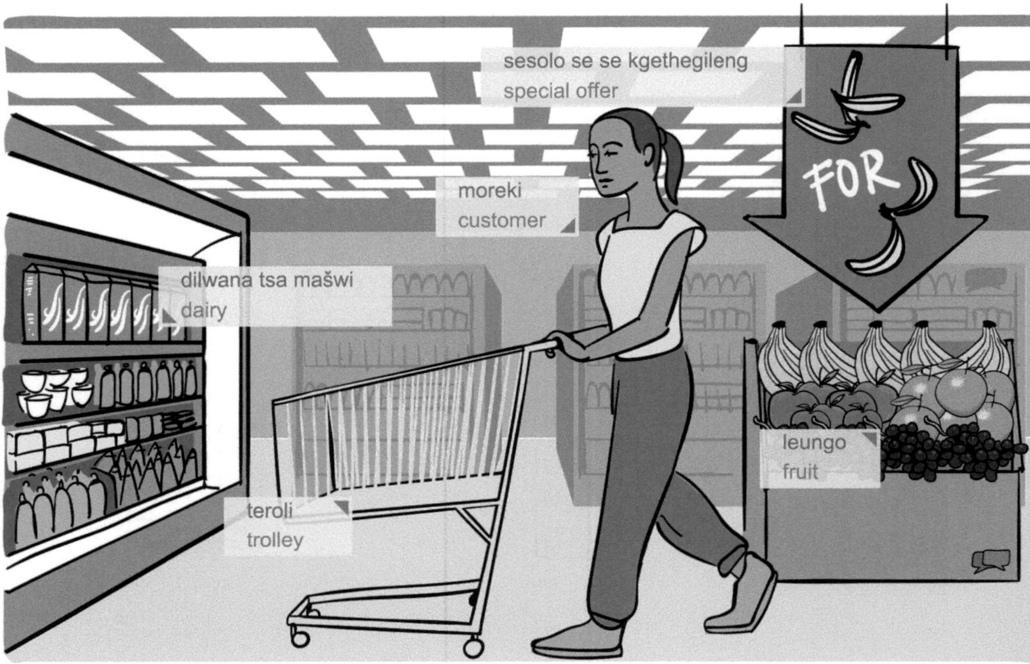

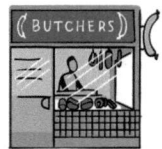

sesolo se se kgethegileng
special offer
moreki
customer
dilwana tsa mašwi
dairy
leungo
fruit
teroli
trolley
FOR

BUTCHERS

batho ba ba segang nama

butcher´s

BAKERY

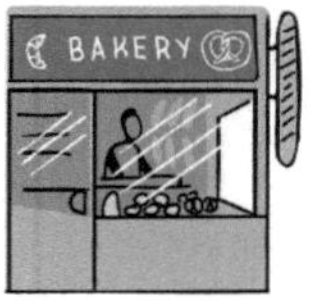

babaki

baker´s

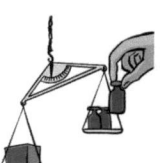

boima

weigh

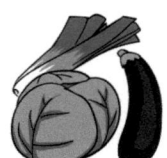

merogo

vegetables

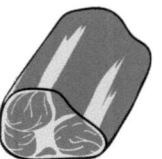

nama

meat

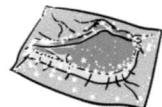

dijo tse di aesitsweng

frozen food

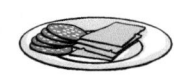

nama e e sa tlhokeng go apewa

cold meat

dijo tsa thini

tinned food

molora o o tlhatswang

washing powder

dimonamone

sweets

dilwana tsa ntlo

household products

dilwana tsa go phepafatsa

cleaning products

morekisi

salesperson

motšhini wa madi

till

morekisi

cashier

lennane la go reka

shopping list

diura tsa go bula

opening hours

sepatšhe

wallet

karata ya go tsaya sekoloto

credit card

kgetsi

bag

kgetsi ya polasetiki

plastic bag

metsi

water

jusi

juice

mašwi

milk

khouku

coke

beine

wine

biri

beer

bojalwa

alcohol

khoukhou

cocoa

tee

tea

kofi

coffee

esepereso

espresso

cappuccino

cappuccino

panana

banana

apole

apple

namune

orange

legapu

melon

surunamune

lemon

segwete

carrot

konofole

garlic

lotlhaka lwa bampuse

bamboo

eie

onion

mabowa

mushroom

manoko

nuts

di-noodles

noodles

sepagethi

spaghetti

raese

rice

salate

salad

ditšhipisi

chips

ditapole tse di gadikilweng

fried potatoes

pizza

pizza

hamburger

hamburger

borotho jo bo tlapisitsweng

sandwich

nama e e gadikilweng

cutlet

nama ya kolobe

ham

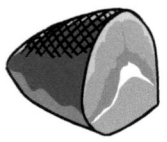

salami

salami

boroso

sausage

koko

chicken

gadika

roast

tlhapi

fish

bogobe jwa outse

porridge oats

muesli

muesli

cornflakes

cornflakes

bupi

flour

croissante

croissant

banse

bread roll

borotho

bread

borotho jo bo besitsweng

toast

bisikiti

biscuits

botoro

butter

tšhisi

curd

kuku

cake

lee

egg

lee le le gadikilweng

fried egg

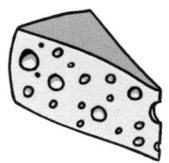

kase

cheese

aesekirimi

ice cream

sukiri

sugar

mamepe a dinotshe

honey

jeme

jam

chokolete e e tshasiwang

chocolate spread

khari

curry

polase
farm

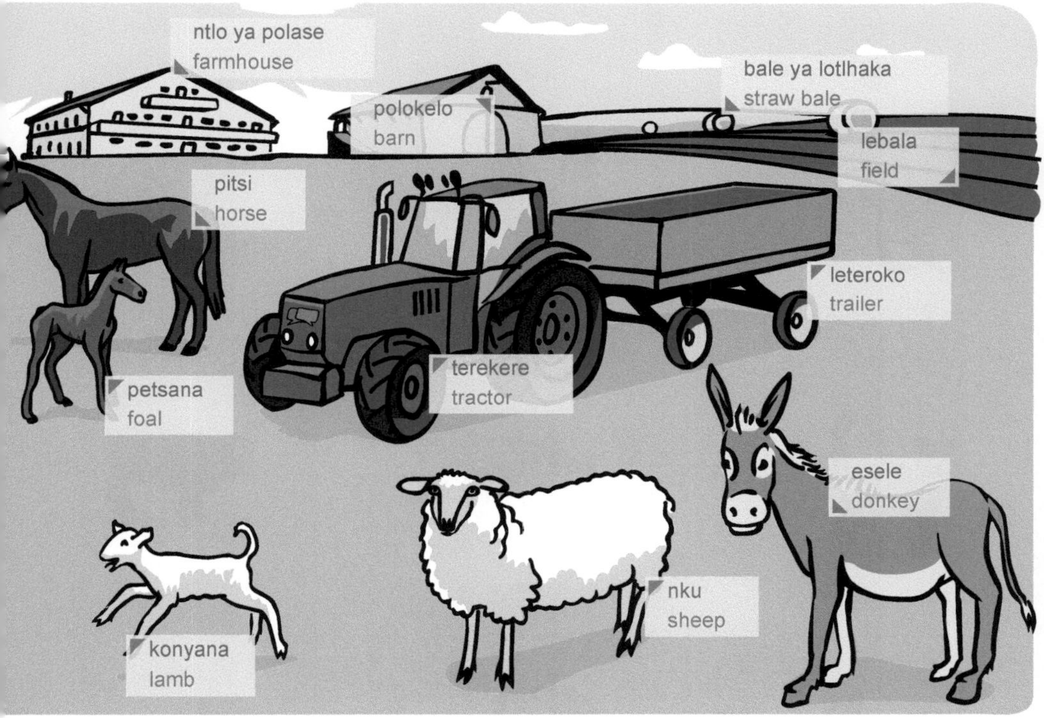
ntlo ya polase
farmhouse
bale ya lotlhaka
straw bale
polokelo
barn
lebala
field
pitsi
horse
leteroko
trailer
terekere
tractor
petsana
foal
esele
donkey
nku
sheep
konyana
lamb

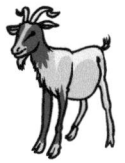

pudi

goat

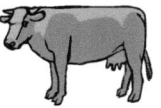

kgomo

cow

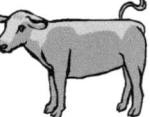

namane

calf

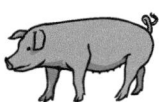

kolobe

pig

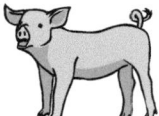

kolojane

piglet

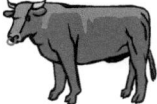

poo

bull

ganse

goose

pidipidi

duck

kokwanyana

chick

mokoko

hen

mokoko

cock

peba

rat

katse

cat

peba

mouse

kgomo

ox

ntša

dog

ntlo ya ntša

doghouse

lethompo la tshingwana

garden hose

tanka ya go nosetsa

watering can

disekele tsa tshipi

scythe

lema

plough

disekele

sickle

setlhagola

hoe

foroko ya go peta

pitchfork

selepe

axe

kiribae

wheelbarrow

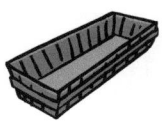

bonwelo

trough

mašwi a a moteng ga moteme

milk can

kgetsana

sack

legora

fence

tsepame

stable

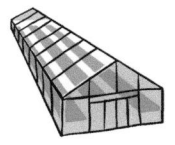

lefelo la go godisa dijalo

greenhouse

mmu

soil

peo

seed

menyoro

fertilizer

thobo e e kopaneng

combine harvester

thobo

harvest

thobo

harvest

di-yam

yams

korong

wheat

soya

soy

tapole

potato

korong

corn

disonobolomo

rapeseed

setlhare sa maungo

fruit tree

cassava

cassava

dijo tsa phakela

cereals

ntlo

house

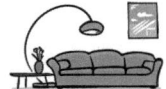

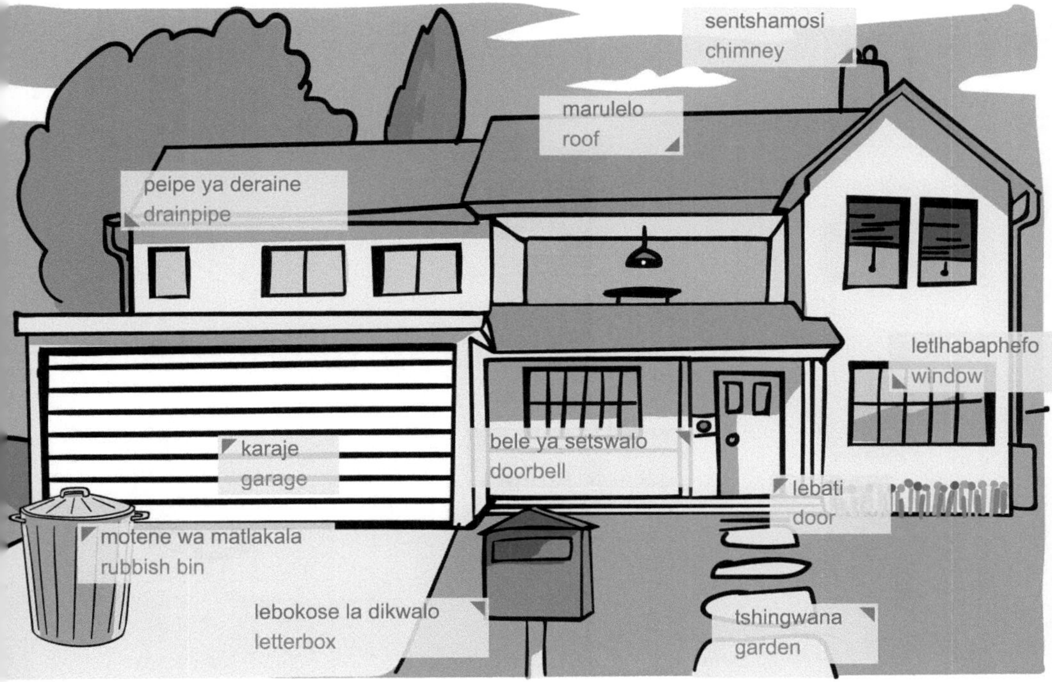

sentshamosi
chimney
marulelo
roof
peipe ya deraine
drainpipe
letlhabaphefo
window
karaje
garage
bele ya setswalo
doorbell
lebati
door
motene wa matlakala
rubbish bin
lebokose la dikwalo
letterbox
tshingwana
garden

phaposi ya bodulo

living room

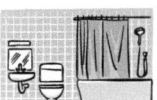

phaposi ya go tlhapela

bathroom

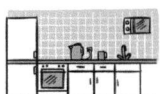

boapeelo

kitchen

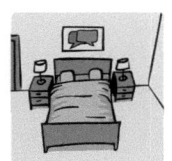

phaposi ya borobalo

bedroom

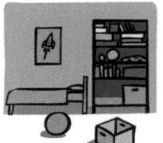

phaposi ya bana

child's room

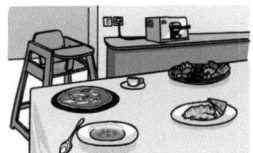

phaposi ya bojelo

dining room

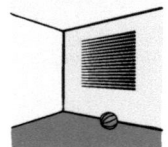	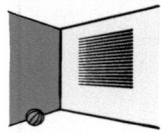	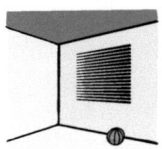
mo fatshe	**lebota**	**siling**
floor	wall	ceiling

mabolokelo	**se futhumatsa mmele**	**mokatako**
cellar	sauna	balcony

mokgekolosa	**makadiba**	**sedirisiwa sa go sega bojang**
terrace	pool	lawn mower
		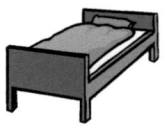
lakane	**kobo**	**bolao**
sheet	bedspread	bed

lefielo	**kgamelo**	**switch**
broom	bucket	switch

phaposi ya bodulo

living room

pampiri e e kgabisng lebota
wallpaper
setshwantsho
picture
lobone
lamp
raka
shelf
raka
cupboard
thelebishene
television
iso
fireplace
lelomo
flower
mosamo
cushion
soufa
sofa
setsenya malomo
vase
selaola thelebishene o le kgakala le yone
remote control

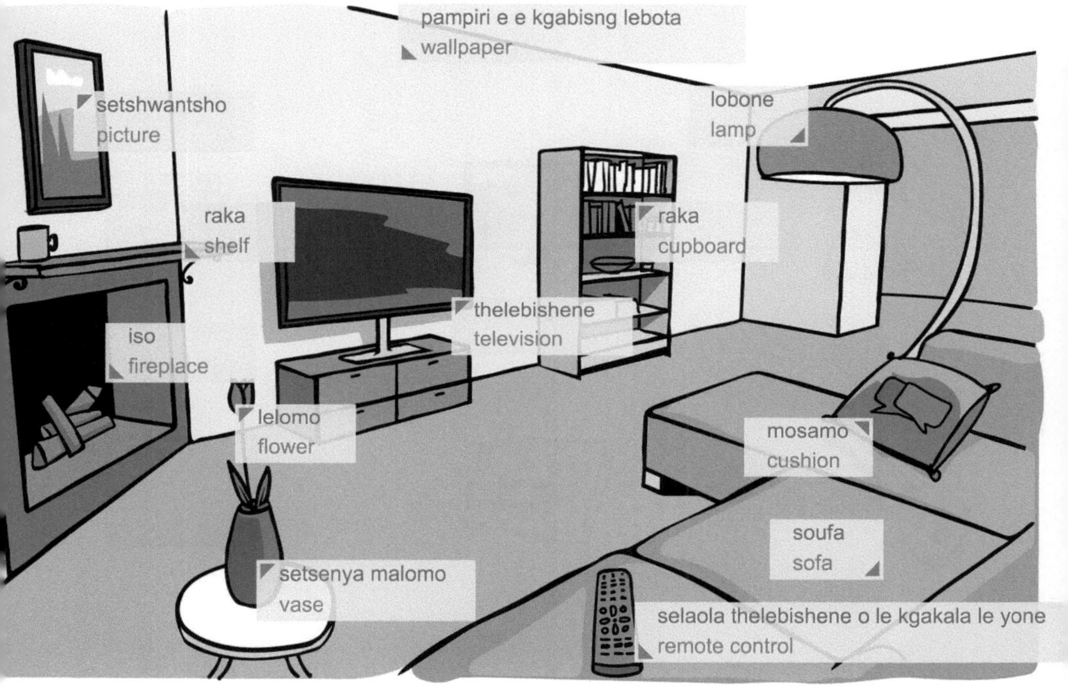

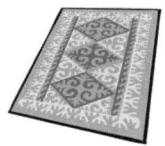

mmetshe
carpet

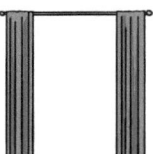

garetene
curtain

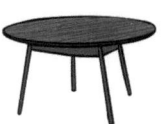

tafole
table

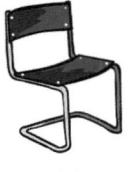

setulo
chair

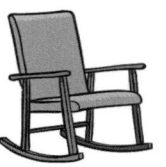

setulo se se binang
rocking chair

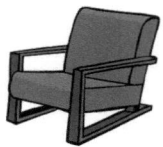

setulo se se naleng boikego
armchair

buka

book

kobo

blanket

mokgabiso

decoration

dikgong tsa molelo

firewood

filimi

film

hi-fi ya go letsa

hi-fi equipment

selotlolo

key

lokwalodikgang

newspaper

setshwantsho se se dirilweng ka pente

painting

pampiri ya go phasalatsa

poster

seyalemowa

radio

buka ya dintla

notepad

huvara

hoover

motoroko

cactus

kerese

candle

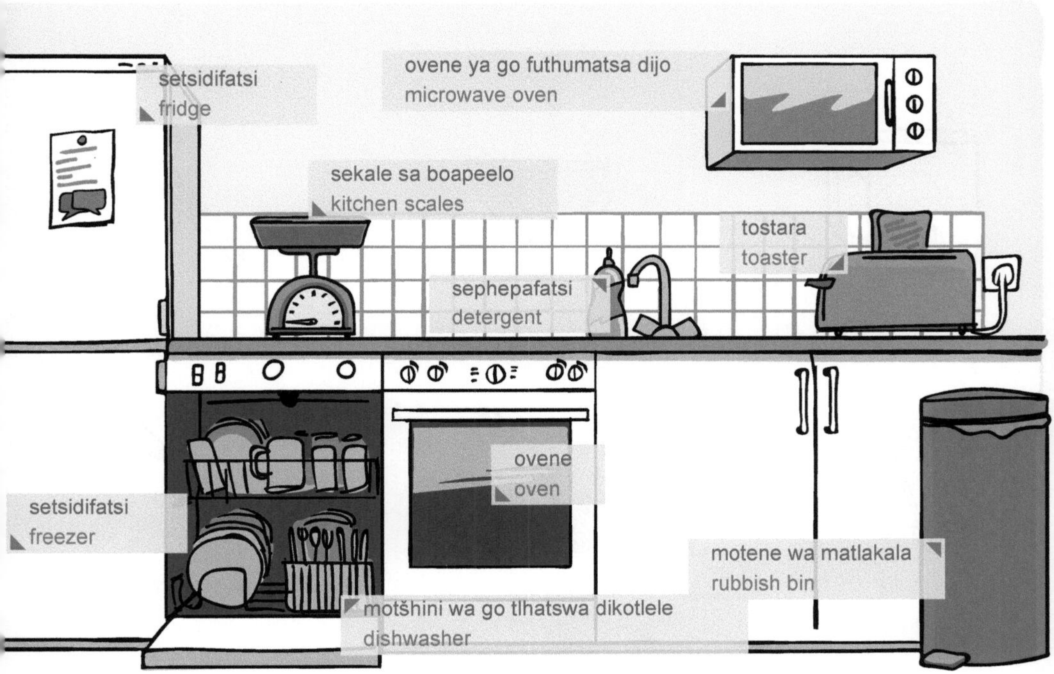

setsidifatsi
fridge

ovene ya go futhumatsa dijo
microwave oven

sekale sa boapeelo
kitchen scales

tostara
toaster

sephepafatsi
detergent

setsidifatsi
freezer

ovene
oven

motene wa matlakala
rubbish bin

motšhini wa go tlhatswa dikotlele
dishwasher

moapei
cooker

pitsa
pot

pitsa ya tshipi
cast-iron pot

wok / kadai
wok / kadai

pane
pan

ketlele
kettle

sefuthumatsi

steamer

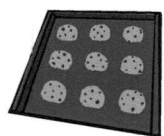

terei ya go baka

baking tray

dintsho

crockery

kopi

mug

sejana

bowl

thobane ya go rema

chopsticks

thoka

ladle

sepatšhula

spatula

wiskara

whisk

setereinara

strainer

setlhotlhi

sieve

greitara

grater

kika

mortar

nama ya kgomo

barbecue

molelo o o mopepeneneg

open fire

boroto ya go segela

chopping board

rolara

rolling pin

sebula dibotlolo tsa beine

corkscrew

moteme

can

sebula moteme

can opener

setshwari sa pitsa

pot holder

sinki

sink

boratshe

brush

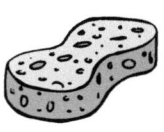

sepontshe

sponge

etlhakanya dijo / maungo

blender

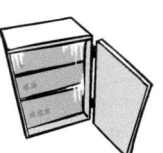

setsidifatsi

deep freezer

botlole ya ngwana

baby bottle

tepe

tap

phaposi ya go tlhapela
bathroom

thutafatsa
heating

shawara
shower

toulo
towel

garetene ya shawara
shower curtain

setshelo sa go dira dibabole mo bateng
bubble bath

bata
bathtub

galase
glass

setlhatswa diaparo
washing machine

dithaele
tiles

tepe
tap

poti
potty

sinki
sink

ntlwana
toilet

ntlwana ya go kotama
squat toilet

bidete
bidet

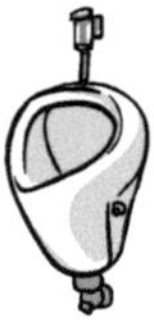

moroto
urinal

pampiri ya boithomelo
toilet paper

boratše jwa ntlwana
toilet brush

boratšhe jwa meno

toothbrush

sesepa sa meno

toothpaste

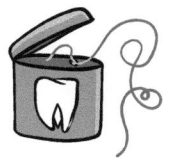

tlhale ya go phepafatsa meno

dental floss

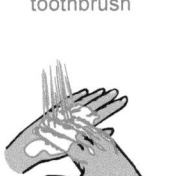

tlhatswa

wash

shawara ya go itshwarela

handheld shower

senkgisa monate

douche

beisini

basin

boratšhe jwa mokwatla

back brush

sesepa

soap

jele ya shawara

shower gel

setlhapisa moriri

shampoo

folanele

flannel

mosele

drain

setlolo

cream

senkgamonate

deodorant

seipone

mirror

seipone sa go itshwarela

hand mirror

legare

razor

foumu ya go ntsha moriri

shaving foam

foumu ya fa o fetsa go ntsha moriri

aftershave

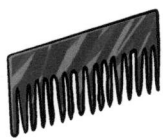

kama

comb

boratšhe

brush

seomisa moriri

hair dryer

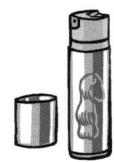

seporei sa moriri

hairspray

seitlole sa sefatlhego

makeup

setlolo sa molomo

lipstick

pente ya dinala

nail varnish

boboa

cotton wool

sekere sa dinala

nail scissors

leokwane le le nkgang monate

perfume

kgetsana ya go tlhatswa

washbag

setulo

stool

sekale sa go lekanya

weighing scale

seaparo sa botlhapelo

bathrobe

ditlelafo tsa rekere

rubber gloves

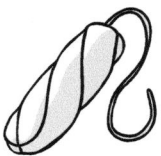

tempone

tampon

sedirisiwa sa basadi ba ba
mo kgweding

sanitary towel

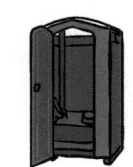

ntlwana ya khemikhale

chemical toilet

phaposi ya bana

child's room

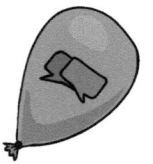

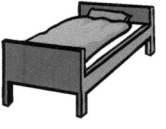

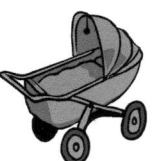

tshupanako ya alamo
alarm clock
mpopi wa go tlamparela
cuddly toy
koloi e e tshamekang
toy car
setšhakgatšhakga
rattle
ntlo ya dipompi
doll's house
poresente
present

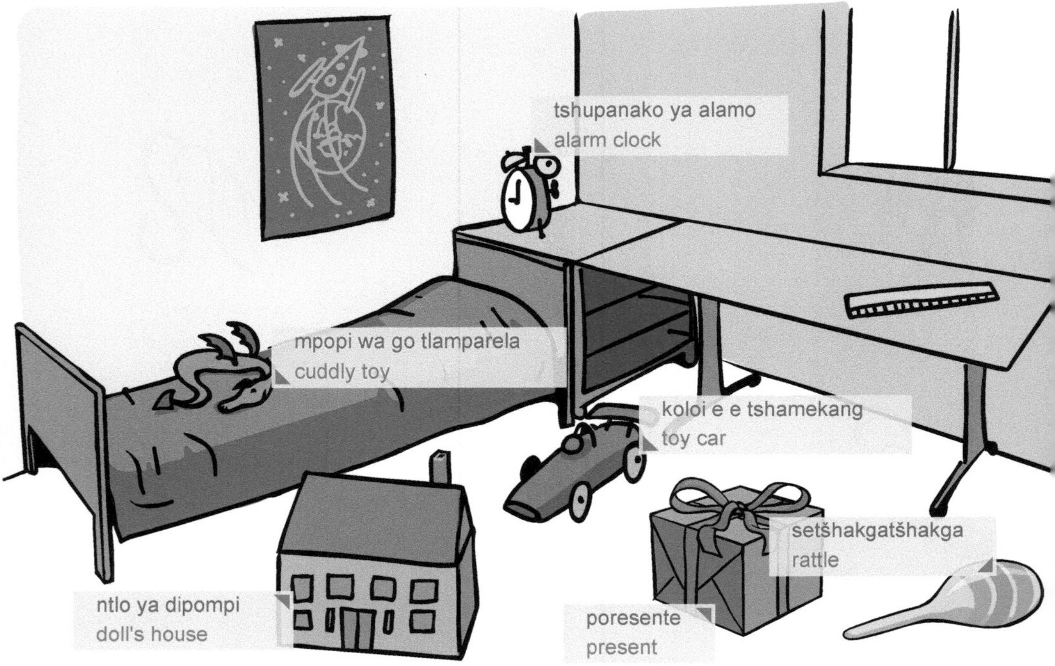

baluni

balloon

bolao

bed

porema

pram

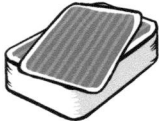

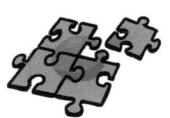

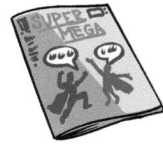

deck of cards

deck of cards

saga ya motlakase

jigsaw

SUPER
MEGA

buka ya ditshegisi

comic

matlapa a go tshameka

lego bricks

diboloko tse di tshamekang

building blocks

setshwantsho sa motho

action figure

seaparo sa lesea

babygrow

Frisbee

frisbee

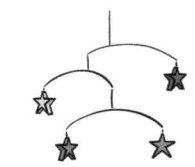

selo sa go letsa mmino mo ditsebeng

mobile

motshameko wa boroto

board game

daese

dice

terena

model train set

mpopi...

tami

dummy

moletlo

party

buka ya ditshwantsho

picture book

bolo

ball

mpopi

doll

tshameka

play

lebala le le naleng santa

sandpit

moswinki

swing

ditshamekisi tsa bana

toys

motshameko wa dibidio

video game console

baesekele ya maotwana a a mararo

tricycle

bera e e diretsweng go tshamekisa bana

teddy bear

raka ya go baya diaparo

wardrobe

seaparo
clothing

dikausu

socks

dikausu tsa basadi

stockings

dithaetse

tights

sekhafo
scarf

sekhukhu
umbrella

sekipa
t-shirt

lebante
belt

dibutshi
boots

disilipara
slippers

diteki
trainers

dimphatšhane
....
sandals

ditlhako
....
shoes

dibutshi tsa rekere
....
rubber boots

borukgwe jwa kwateng
....
underpants

boraa
....
bra

besete
....
vest

mmele

body

borukgwe

trousers

bokate

jeans

sekete

skirt

bolaose

blouse

hempe

shirt

jeresi e e senang matsogo

pullover

jakete e e enaleng hutshe

hoodie

boleisara

blazer

jakete

jacket

jase

coat

jase ya pula

raincoat

khosetjhumo

costume

mosese

dress

mosese wa lenyalo

wedding dress

sutu

suit

seaparo sa bosigo

nightgown

diaparo tsa go robala

pyjamas

sari

sari

sekhafa sa tlhogo

headscarf

turban

turban

burqa

burqa

kaftan

kaftan

abaya

abaya

seaparo sa go thuma

swimsuit

diteranka

trunks

borukgwe jo bo khutshwane

shorts

terekesutu

tracksuit

seaparo sa go phephafatsa

apron

ditlelafo

gloves

talama

button

diborele

glasses

sebaga

bracelet

sebaga sa mo thamong

necklace

palamonwana

ring

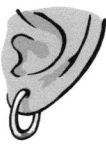

lengena

earring

kepisi

cap

sepega baki

coat hanger

hutshe

hat

tae

tie

zepe

zip

hutshe ya sethuthuthu

helmet

ditrata tsa meno

braces

diaparo tsa sekolo

school uniform

diaparo tsa mmereko /
diaparo tsa sekolo

uniform

bebe
bib

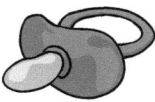

tami
dummy

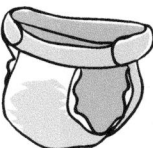

mongato
nappy

kantoro
office

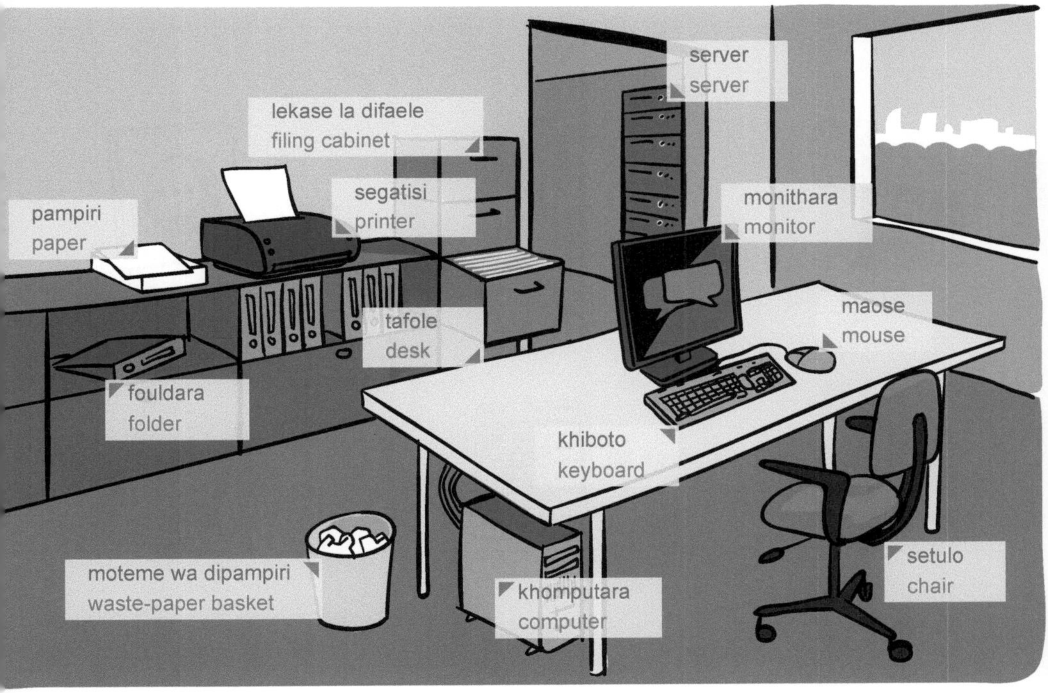

kopi
coffee mug

khalkhuleitara
calculator

inthanete
internet

server
server

lekase la difaele
filing cabinet

pampiri
paper

segatisi
printer

monithara
monitor

tafole
desk

maose
mouse

fouldara
folder

khiboto
keyboard

moteme wa dipampiri
waste-paper basket

khomputara
computer

setulo
chair

lapothopo

laptop

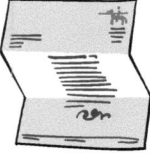

lekwalo

letter

molaetsa

message

mogala wa letheka

mobile

kgolagano ya megala

network

segatisa dipampiri

photocopier

software

software

mogala

telephone

sokete ya polaka

plug socket

motšhini wa fekese

fax machine

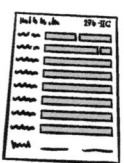

foromo

form

setlankana

document

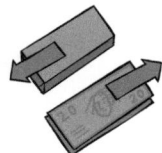

reka

buy

patela

pay

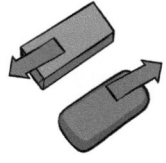

rekisa

trade

madi / tšhelete

money

dolara

dollar

euro

euro

yen

yen

roubele

rouble

swiss franc

Swiss franc

renminbi yuan

renminbi yuan

rupee

rupee

lefelo la madi

cashpoint

kantoro ya go fetola madi

bureau de change

gauta

gold

selefera

silver

oli

oil

maatla

energy

tlhwatlhwa

price

konteraka

contract

lekgetho

tax

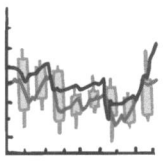

setoko

stock

dira

work

mothapiwa

employee

mothapi

employer

bodirelo

factory

lebenkele

shop

52

ikonomi - economy

maemo
occupations

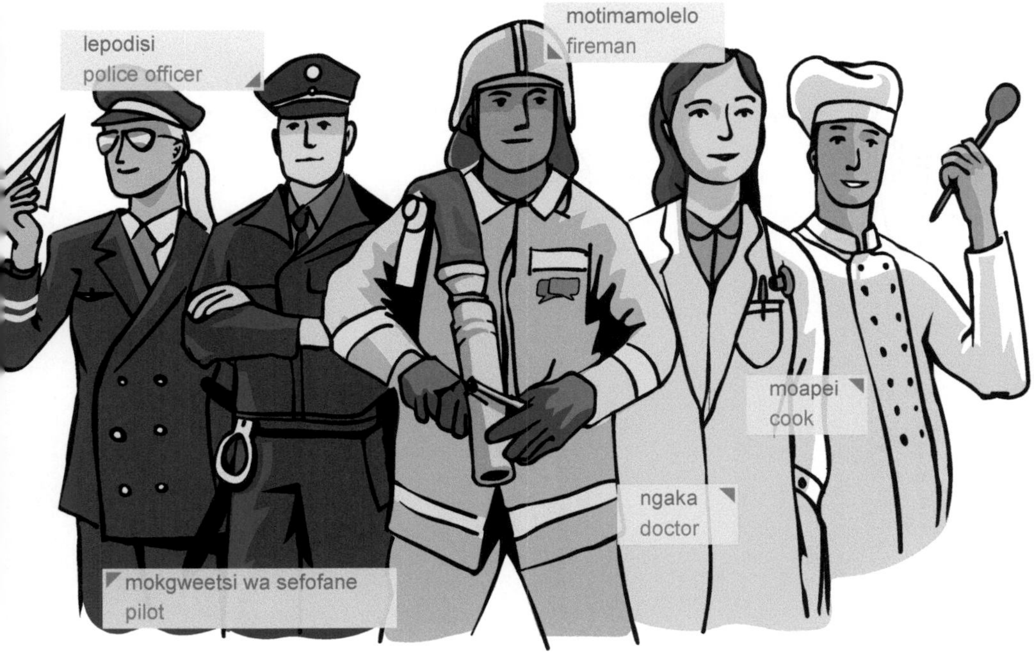
lepodisi
police officer
motimamolelo
fireman
moapei
cook
ngaka
doctor
mokgweetsi wa sefofane
pilot

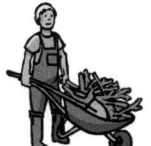

ratshingwana

gardener

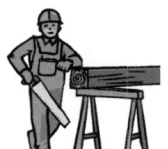

mmetli wa dikgong

carpenter

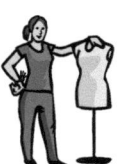

moroki

seamstress

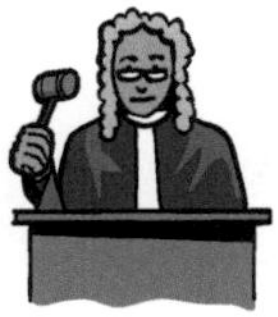

moatlhodi

judge

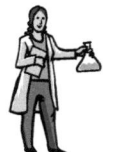

moitse wa melemo

chemist

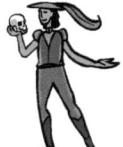

modiragatsi

actor

mokgweetsi wa bese

bus driver

mokgweetsi wa tekisi

taxi driver

motshwari wa ditlhapi

fisherman

Mme yo o phepafatsang

cleaning lady

moruledi

roofer

weitara

waiter

motsumi

hunter

motaki

painter

mmesi wa senkgwe

baker

ramotlakase

electrician

moagi

builder

moenjenere

engineer

mosegi wa nama

butcher

motsenyi wa diphaepe tsa metsi

plumber

motsamaisa poso

postman

leshole

soldier

modiri wa dipolane

architect

morekisi

cashier

morekisi wa malomo

florist

mokgabisamoriri

hairdresser

kondactara

conductor

mokheneke

mechanic

mokapeteine

captain

ngaka ya meno

dentist

Rasaense

scientist

moruti

rabbi

imam

imam

moitlami

monk

moruti

clergyman

didiriswa

tools

tang
pliers
hamore
hammer
sekurufu deraevara
screwdriver
lobone
torch
sepanere
spanner

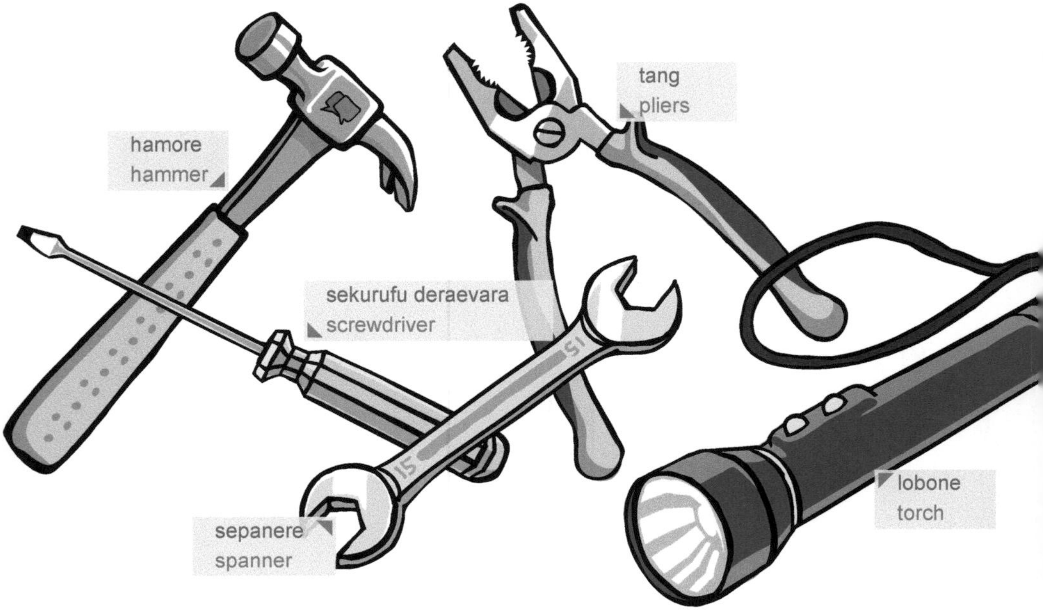

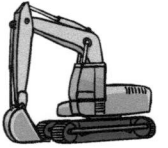

moepi

digger

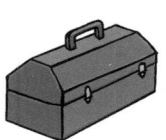

bokoso ya didirisiwa

toolbox

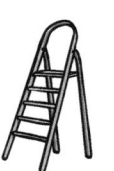

lere

ladder

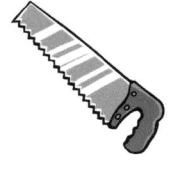

saga

saw

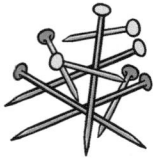

dipekere

nails

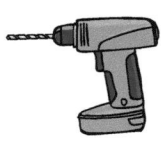

sebori

drill

baakanya

repair

garawe

shovel

ijaa!

Damn!

seolela matlakala

dustpan

pitsa ya pente

paint pot

sekurufu

screws

didirisiwa tsa mmino
musical instruments

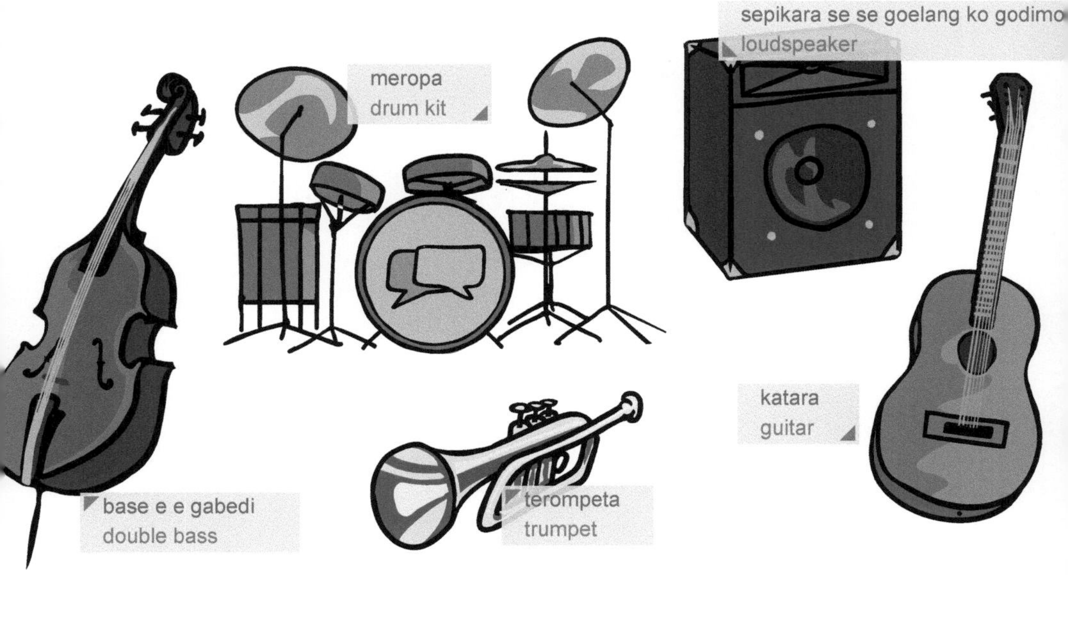

sepikara se se goelang ko godimo
loudspeaker

meropa
drum kit

katara
guitar

base e e gabedi
double bass

terompeta
trumpet

piano

piano

bayolini

violin

base

bass

timpane

timpani

meropa

drums

khiboto

keyboard

sekesofone

saxophone

phala

flute

sebuela godimo

microphone

lefelo la go bonela diphologolo

zoo

botseno
entrance

lengau
tiger

kheitšhe
cage

pitse ya naga
zebra

dijo tsa diphologolo
animal feed

panda
panda

diphologolo

animals

tlou

elephant

dikhankaruu

kangaroo

tshukudu

rhino

tshweni

gorilla

bera

bear

kamela

camel

kalakune

ostrich

tau

lion

tshwene

monkey

flamingo

flamingo

papalagae

parrot

bera e e dulang ko lefelong
le le tsididi thata

polar bear

nonyane tsa lewatle

penguin

leruarua

shark

phikoko

peacock

noga

snake

kwena

crocodile

motlhokomedi wa
diphologolo

zookeeper

sili

seal

katse

jaguar

petsana

pony

lengau

leopard

tshukudu

hippo

thutlwa

giraffe

ntsu

eagle

dikolobe tsa naga

boar

tlhapi

fish

khudu

turtle

walrus

walrus

ntja ya naga

fox

tshephe

gazelle

metshameko
sports

kgwele ya dinao ya Amerika
American football

motshameko wa baesekele
cycling

tenese
tennis

baseketebolo
basketball

thuma
swimming

motshameko wa go lwa ka diatla
boxing

hockey ya mo aeseng
ice hockey

kgwele ya dinao
football

badminthone
badminton

atletiki
athletics

kgwele ya diatla
handball

skiing
skiing

polo
polo

didirwa
activities

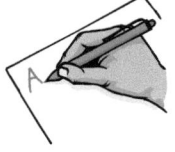

tshega
laugh
tlola
jump
tlamparela
hug
tsamaya
walk
opela
sing
lora
dream
rapela
pray
atla
kiss

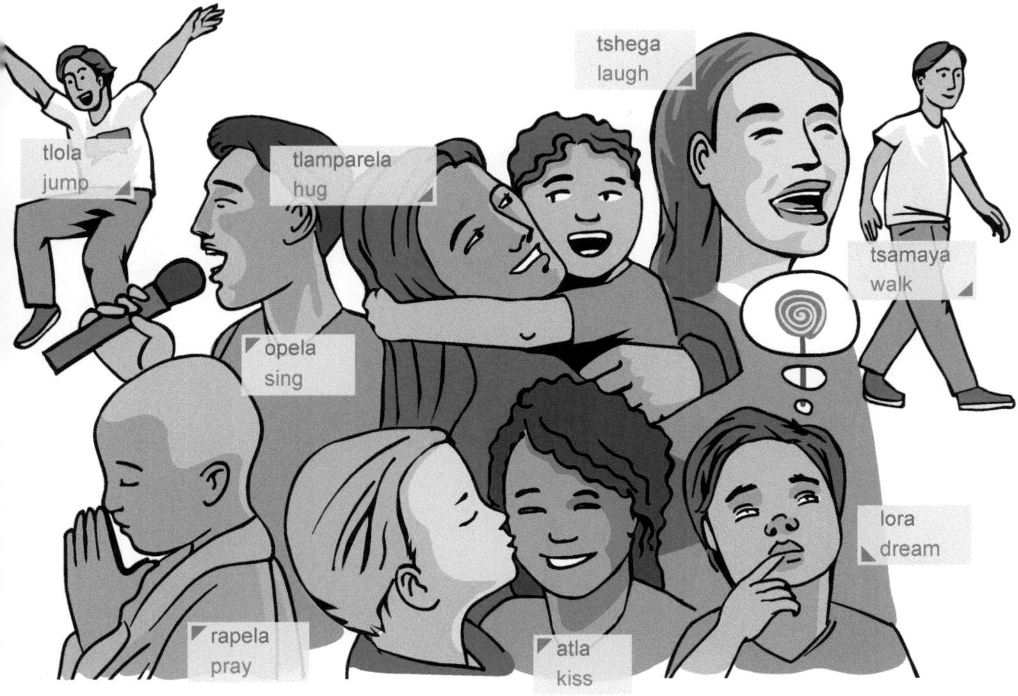

kwala

write

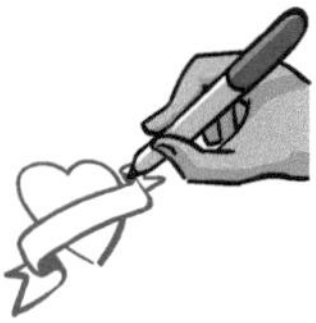

torowa

draw

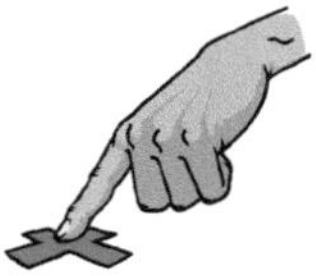

bontsha

show

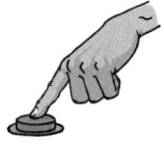

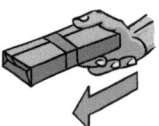

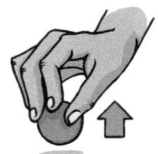

kgorometsa

push

naya

give

tsaya

take

go nna

have

dira

do

nna

be

ema

stand

taboga

run

goga

pull

latlha

throw

wa

fall

maaka

lie

ema

wait

tsholetsa

carry

dula

sit

apara

get dressed

robala

sleep

tsoga

wake up

leba

look at

lela

cry

thuma ka lemorago

stroke

kama

comb

bua

talk

tlhaloganya

understand

botsa

ask

reetsa

listen

nwa

drink

ja

eat

phepafatsa

tidy up

lorato

love

apaya

cook

kgweetsa

drive

fofa

fly

seila

sail

khalkhuleitara

calculate

bala

read

ithute

learn

dira

work

nyala

marry

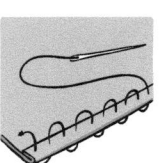

roka

sew

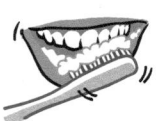

tlhapa meno

brush teeth

bolaya

kill

tsuba

smoke

romela

send

mmemogolo
grandmother

rremogolo
grandfather

rre
father

mme
mother

ngwana
baby

morwadi
daughter

morwa
son

moeng
guest

mmangwane
aunt

malome
uncle

abuti
brother

ausi
sister

mmele

body

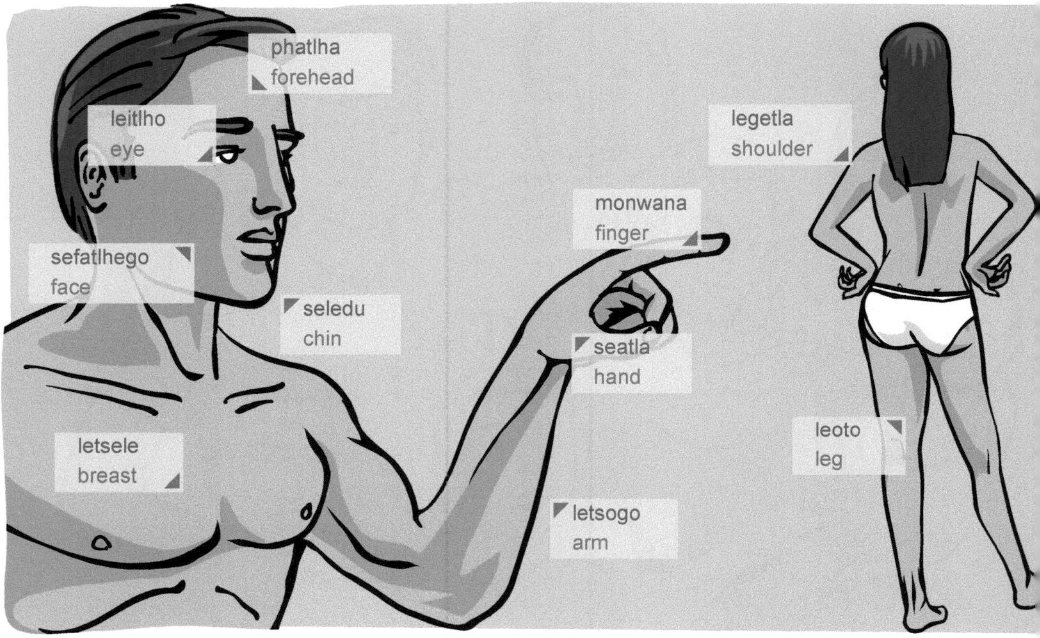

phatlha
forehead

leitlho
eye

legetla
shoulder

monwana
finger

sefatlhego
face

seledu
chin

seatla
hand

letsele
breast

leoto
leg

letsogo
arm

ngwana
baby

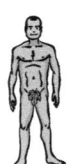

monna
man

mosadi
woman

mosetsana
girl

mosimane
boy

tlhogo
head

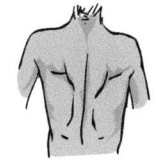

mokwatla

back

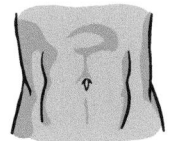

mpa

belly

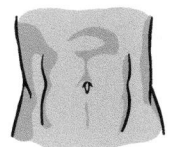

khubu

belly button

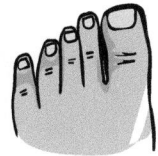

monwana

toe

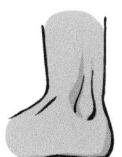

serethe

heel

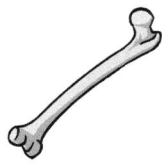

lerapo

bone

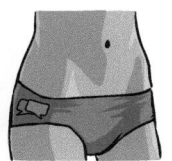

letheka

hip

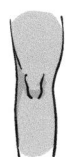

lengole

knee

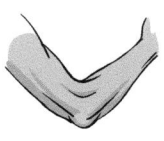

sekgono

elbow

nko

nose

ko tlase

bottom

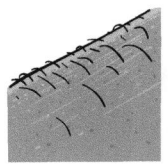

letlalo

skin

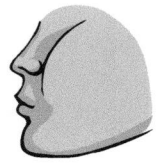

lerama

cheek

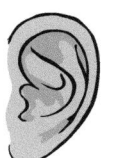

tsebe

ear

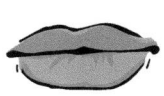

pounama

lip

mmele - body

69

molomo

mouth

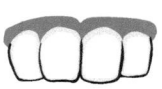

leino

tooth

loleme

tongue

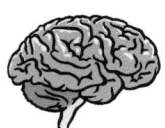

boboko

brain

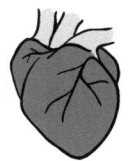

pelo

heart

maatla

muscle

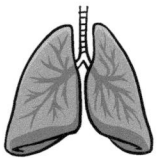

lekgwafo

lung

sebete

liver

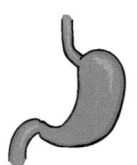

mala

stomach

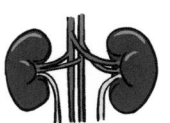

diphio

kidneys

bong

sex

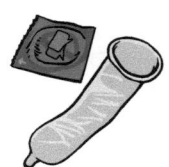

mosomelwana

condom

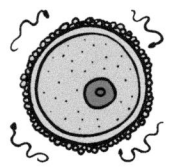

sebelegi sa ngwana

ovum

semen

semen

moimana

pregnancy

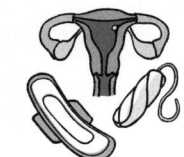

dinako tsa go tla ka kgwedi
tsa basadi
menstruation

serwe sa mosadi
vagina

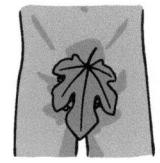

serwe sa monna
penis

dintshi
eyebrow

moriri
hair

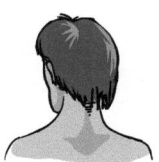

thamo
neck

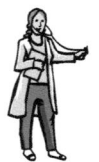

sepetlele
hospital

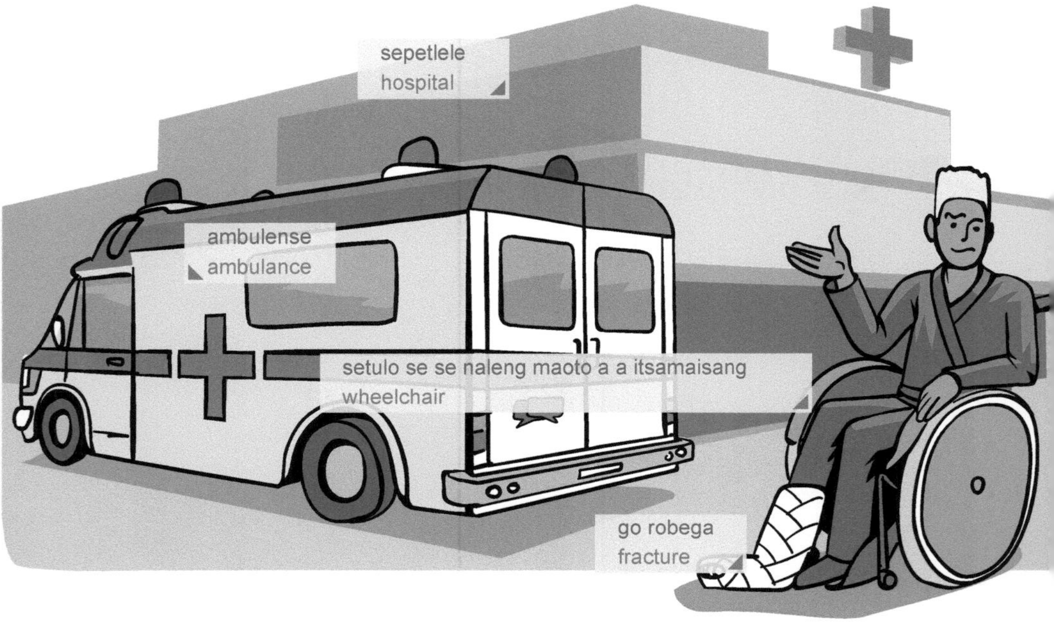

sepetlele
hospital
ambulense
ambulance
setulo se se naleng maoto a a itsamaisang
wheelchair
go robega
fracture

ngaka
doctor

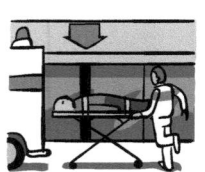

phaphosi ya tshoganyetso
emergency room

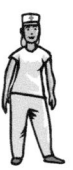

mooki
nurse

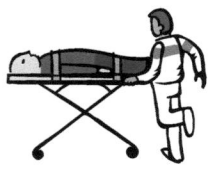

tshoganyetso
emergency

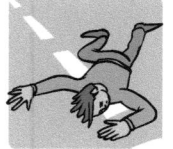

idibala
unconscious

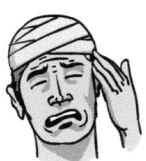

setlhabi
pain

kgobalo

injury

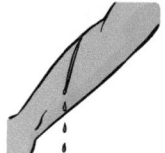

go dutla madi

bleeding

tlhaselo ya pelo

heart attack

setorouko

stroke

bolwetsi

allergy

go gotlhola

cough

fulu

fever

fulu

flu

letshololo

diarrhoea

opiwa ke tlhogo

headache

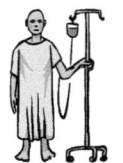

kankere

cancer

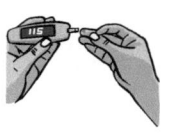

sukiri ya mmele

diabetes

moari

surgeon

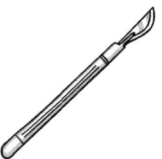

sekalepele

scalpel

karo

operation

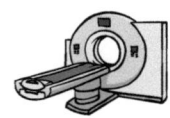

CT

CT

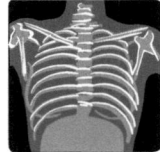

x-ray

x-ray

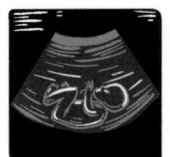

motšhini wa go leba mo mpeng

ultrasound

sesira sefatlhego

face mask

twatsi

disease

phaposi boletelo

waiting room

dithobane

crutch

polasetara

plaster

sefapho

bandage

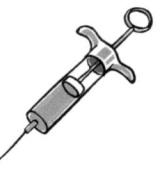

lemao

injection

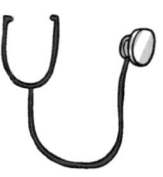

setetosekoupu

stethoscope

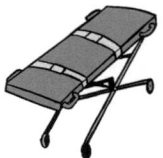

seteretšhara

stretcher

themometara ya bongaka

clinical thermometer

pelegi

birth

bokima jwa mmele

overweight

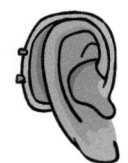

edirisiwa sa go thusa go utlwa

hearing aid

sesireletsa dintho

disinfectant

tshwaetso

infection

mogare

virus

HIV / AIDS

HIV / AIDS

melemo

medicine

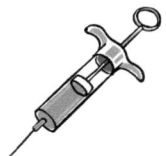

mokento

vaccination

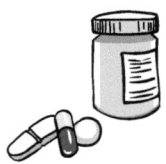

thabolete

tablets

pilisi

pill

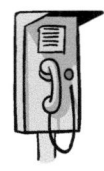

hogala wa tshoganyetso

emergency call

motšhini wa go ela tlhoko kgatelelo ya madi

blood pressure monitor

lwala / itekanetse

ill / healthy

Thusa!	alamo	tshotlako
Help!	alarm	assault

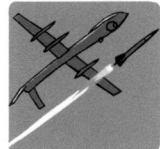

tlhasela	kotsi	kgoro ya tshoganyetso
attack	danger	emergency exit

Molelo!	setima moleleo	kotsi
Fire!	fire extinguisher	accident

khiti ya go thusa ka dikgobalo	SOS	lepodisi
first-aid kit	SOS	police

Yuropa

Europe

Bokone jwa Amerika

North America

Borwa jwa Amerika

South America

Aforika

Africa

Asia

Asia

Australia

Australia

Atlantic

Atlantic

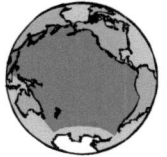

Pacific

Pacific

Lewatle la India

Indian Ocean

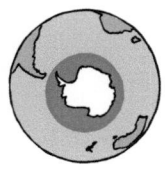

Lewatle la Antarctic

Antarctic Ocean

Lewatle la Arctic

Arctic Ocean

Bokone

North Pole

Borwa

South Pole

Antartica

Antarctica

Lefatshe

Earth

lefatshe

land

lewatle

sea

losi lwa lewatle

island

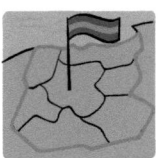

lotso

nation

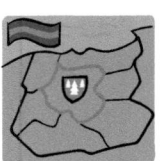

boemo

state

lentle la tshupanako

clock face

letsogo la ura

hour hand

letsogo la metsotso

minute hand

letsogo la metsotswana

second hand

ke nako mang?

What time is it?

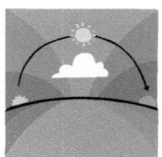

letsatsi

day

nako

time

go ne jaanong

now

tshupanako ya dijithale

digital watch

metsotso

minute

ura

hour

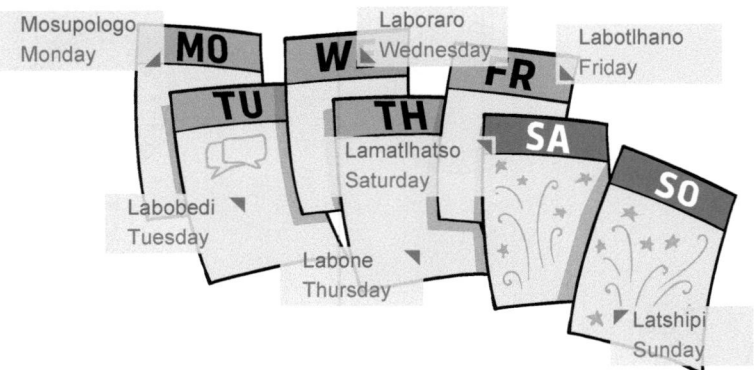

Mosupologo / Monday
Laboraro / Wednesday
Labotlhano / Friday
Labobedi / Tuesday
Lamatlhatso / Saturday
Labone / Thursday
Latshipi / Sunday

maabane

yesterday

gompieno

today

kamoso

tomorrow

moso

morning

thapama

noon

maitseboa

evening

malatsi a tiro

business days

mafelo a beke

weekend

ngwaga
year

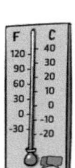

pula
rain
motshe wa badimo
rainbow
letlhwa
snow
phefo
wind
dikgakologo
spring
letlhafula
autumn
selemo
summer
mariga
winter

4.APRIL 11°
5.APRIL 4°
6.APRIL 13°
7.APRIL 8°
8.APRIL 10°

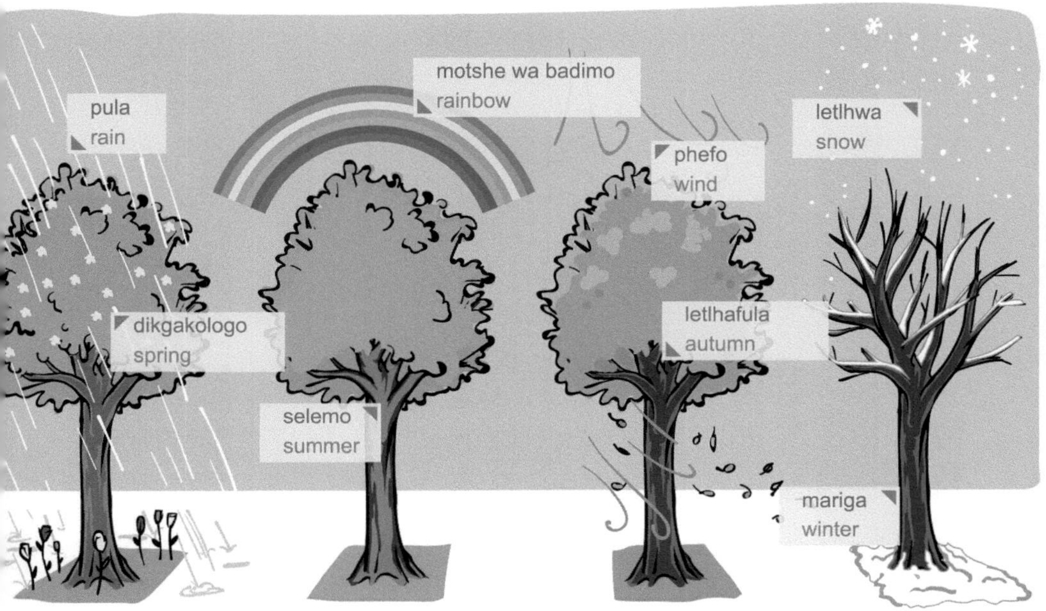

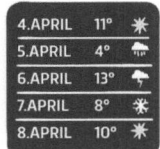

botsogo jwa loapi

weather forecast

F C

themomithara

thermometer

letsatsi

sunshine

leru

cloud

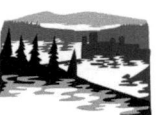

mouwane

fog

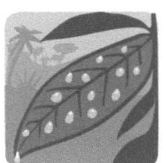

humidity

humidity

legadima

lightning

modumo wa maru

thunder

matsubutsubu

storm

sefako

hail

monsoon

monsoon

morwalela

flood

aese

ice

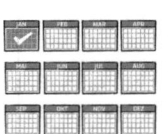

Ferikgong

January

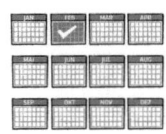

Tlhakole

February

Mopitlwe

March

Moranang

April

Motsheganong

May

Seetebosigo

June

Phukwi

July

Phatwe

August

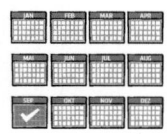

Lwetse

September

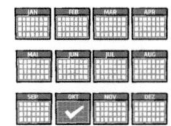

Diphalane

October

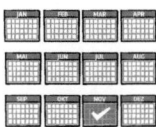

Ngwanaatsele

November

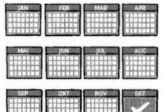

Sedimonthole

December

dipopego
shapes

kgolokwe

circle

khutlonne

square

khutlonnetsepa

rectangle

khutlotharo

triangle

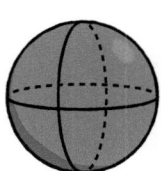

khutlo

sphere

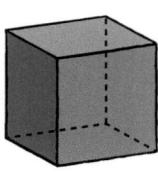

khiubu

cube

mebala
colours

tshweu

white

serolwana

yellow

mmala wa namune

orange

pinki

pink

khibidu

red

bohibidu jo bo mokgona

purple

pududu

blue

tala

green

tshetlha

brown

tshetlha

grey

ntsho

black

go le gontsi / go nnye

a lot / a little

go kwata / go ritibala

angry / calm

montle / maswe

beautiful / ugly

tshimologo / bofelo

beginning / end

tonna / nnyane

big / small

lesedi / lefifi

bright / dark

abuti / ausi

brother / sister

phepa / leswe

clean / dirty

feletse / go sa felela

complete / incomplete

motshegare / bosigo

day / night

o sule / o a tshela

dead / alive

bophara / tshesane

wide / narrow

ya jega / ga e jege

edible / inedible

bosula / molemo

evil / kind

go itumela thata / go se itumele

excited / bored

nonne / tshesane

fat / thin

ntlha / bofelo

first / last

tsala / sera

friend / enemy

tletse / lolea

full / empty

thata / bonolo

hard / soft

bokete / motlhofo

heavy / light

tlala / lenyora

hunger / thirst

lwala / itekanetse

ill / healthy

dumelesega / dumeletswe

illegal / legal

botlhale / sematla

intelligent / stupid

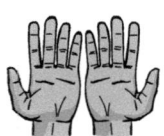

molema / moja

left / right

gaufi / kgakala

near / far

sesha / ya kgale

new / used

sepe / sengwe

nothing / something

mogolo / mosha

old / young

tsenya / tima

on / off

bula / tswetswe

open / closed

tidimalo / modumo

quiet / loud

khumo / lehuma

rich / poor

siame / phoso

right / wrong

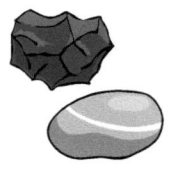

ditlhotlhori / borethe

rough / smooth

hutsafetse / itumetse

sad / happy

khutshwane / telele

short / long

bonya / bonako

slow / fast

metsi / omile

wet / dry

mololo / tsididi

warm / cool

ntwa / kagiso

war / peace

ganetsa - opposites

87

dipalo

numbers

0

lefela

zero

1

nngwe

one

2

pedi

two

3

tharo

three

4

nne

four

5

tlhano

five

6

thataro

six

7

supa

seven

8

robedi

eight

9

robonngwe

nine

10

lesome

ten

11

some nngwe

eleven

12

some pedi

twelve

13

some tharo

thirteen

14

some nne

fourteen

15

some tlhano

fifteen

16

some thataro

sixteen

17

some supa

seventeen

18

some robedi

eighteen

19

some robonngwe

nineteen

20

masomamabedi

twenty

100

lekgolo

hundred

1.000

sekete

thousand

1.000.000

milione

million

Sejatlhapi

English

Sejatlhapi sa Amerika

American English

se-China

Chinese Mandarin

se-Hindi

Hindi

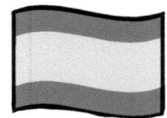

se-Spanish

Spanish

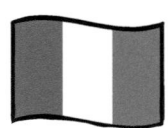

se-For a

French

se-Araba

Arabic

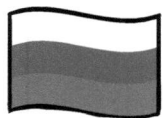

se-Russia

Russian

se-Potokisi

Portuguese

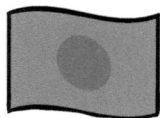

se-Bengali

Bengali

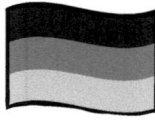

se-Jeremane

German

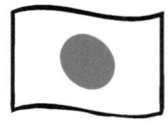

se-Japane

Japanese

Nna

I

wena

you

ene / ene / sone

he / she / it

re

we

wena

you

bone

they

mang?

who?

eng?

what?

jang?

how?

kae?

where?

leng?

when?

leina

name

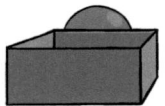

mo morago

behind

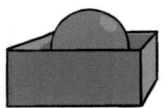

mo

in

fa pele ga

in front of

godimo

over

mo

on

fa tlase

under

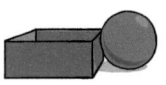

mo thoko

beside

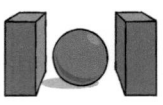

magareng

between

lefelo

place